www.ingramcontent.com/pod-product-compliance
Lightning Source LLC
Chambersburg PA
CBHW071352200726
48293CB00008B/2617

* 9 7 8 1 9 9 0 7 6 0 4 3 3 *

مجموعه شعر – جلد اول

الهه سلیمی

سریال کتاب: P2245100107
سرشناسه: SLM 2022
عنوان: رقص کلمه - جلد اول
پدید آورنده: الهه سلیمی
طراح جلد: KPH Design
شابک کانادا: ISBN: 978-1-990760-43-3
موضوع: عرفان/ شعر / ادبیات
متا دیتا: Literature / Poetry / Cultural/ Language art
مشخصات کتاب: Paperback / سایز رقعی
تعداد صفحات : ۴۰
تاریخ نشر در کانادا: نوامبر ۲۰۲۲

شناسنامه کتاب

Kidsocado Publishing House
خانه انتشارات کیدزوکادو
ونکوور، کانادا

تلفن : ۸۶۵۴ ۶۳۳ (۸۳۳)۱+
واتس آپ: ۷۲۴۸ ۳۳۳ (۲۳۶)۱ +
ایمیل: info@kidsocado.com
وبسایت انتشارات:https://kidsocadopublishinghouse.com
وبسایت فروشگاه:https://kphclub.com

رقص
کلمه

۴

اشعاری که می‌خوانید دل نوشته است!
از دل برآمده، امید که بر دل نشیند آخر بی دل حیات میسر نیست!
شادی در غم و غم در شادی پنهان است زان رو تقدم و تأخری بر یکدیگر ندارند!
همه آنها جوششی بوده و تصمیم به ثبتشان نداشته‌ام!
هر کدامشان را مدتی زندگی کرده‌ام!
برخی را چونان پیرِ کلان سالی که از شدت اندوه غروب را به تماشای نشیند، نوشتم!
برخی را چون آدم بزرگ‌ها زیر نور ماهتاب و دست در دست یار، نوشتم!
و برخی را چونان دخترکِ شادِ پنج ساله‌ای که از فرط شادی روی برگ‌های پاییز و برف زمستان می‌دود، نوشته‌ام!

فهرست اشعار

◪ بهار

نو بهار است و بر آنم که خوشدل باشم!
که ریشه در خاک بدوانم!
اما دیریست بهار رفته و من چون درخت باران
زده‌ام!
تابستان در راه است و بی بارم!

◪ تن پوش زمستان

پارسال و پارین سال تن پوش زمستانش
بافه‌های خیال بود!
سرد بود!
زیبا بود!
ولی بی مصرف!

☒ من

روزها در من تکرار می‌شوند!
من در فضا تکرار می‌شود!
ومن در من!
رمان می‌شوم!
تکراری و یک کلمه‌ای!
من!

☒ نی

چون نی‌ام!
نیازمند زمین!
ایستاده‌ام، اما خشک!
سراپا مرده!
بدم در من!
نوای لاجرم شنو!

مهتاب

مهتاب قطره قطره بر من می‌چکد!
دست دراز می‌کنم، نزدیک است!
اما سراب!
غرق شبم!
دست تهی‌ام بر من می‌چکد!

خوشبختی

ماهی لیز خوشبختی باز سر خورد!
حتی فلسی باقی نماند!

طوفان

پرده آبستن باد است!
فرزندی از جنس طوفان که کاغذها را
می‌رقصاند!

▣ کوزه

پیش درآمد کوزه‌ام!
امید که مقدمه خوبی باشد!
شاید کاسه‌ای یا شاید ...

▣ طراوت

به درگاه باران دعا کردم!
طراوت هدیه کرد!
دستانم پر از هزاران قطره با طراوت است!

▣ رهگذر

رهگذر، از این طرف‌ها مگذر!
مبادا آه غمم ببارد بر رویت!

ترنم

شبی لبریز ترنم!
زخمه می‌زند بر تارهای سازش!
مثال زمان که زخمه می‌زند بر خطهای زیر چشمش!
و هر دو به نا گزیر!
در زیر کور سوی نگاه ستارگان کم جان!

صدف

چون صدف دو کفه‌ای بیرونمان جرم گرفته!
لبها چون صدف فرو بسته!
چه کسی می‌داند، مرواریدی درخشان در سینه داریم یا نه!؟

گناه

چه گناه آلوده!
آنقدرکه استجابت هیچ خواسته‌ای میسر نیست!

بار دیگر

ای پرنده من!
مسافر سیاره دور!
کسی نامه‌ای به پایت نبسته؟!
کاش برای آن نامه هم شده بار دیگر بیابمت!
این بار بدان می‌خوانمت!

▣ شعر

پازل شعر را با تکه تکه کلمات تکمیل می‌کنم!
تصویری نا مشخص می‌سازم!
زیباست یا نه نمی‌دانم!

▣ ماه

مروارید چشمش، ستاره می‌شود!
و ژرفای وجودش، آسمان شب!
این گوی مهتابی چه سخاوتمند است!

◼ بوی تند خاطره

جایی جز تو در من نیست!
تویی و تو!
مشامم آکنده از بوی تند خاطره!
و من چون گرسنه‌ای فقیر بو می‌کشم و حسرت
داشتنت را با خود همراه می‌کنم!

◼ سایه

سیاه بی‌صورت، چقدر هیکلت به من می‌ماند!
فقط ظهر کمی کوتاه و عصر کمی بلند می‌شوی!
و من هیچ نمی‌شوم!
هیچ!

⊠ رد

ای کاش آدم برفی همیشه زنده می‌ماند!
آخر او که مرد تنها راه وصلشان در جوب شد!
رد پای روی برف را می‌گویم!
آب شد!
و دل او هم!

⊠ قلم

باز قلم لال من قصد گفتن دارد!
باید آرام و بی‌صدا روی کاغذ بغزد تا کلمه‌ای
بگوید!
و در این فرسایش با بی‌زبانی و
لب خشک، جان می‌سپارد!

⊠ هویت

شنیده‌ام که جانت را از دست داده‌ای!؟
بیچاره سایه‌ات که تو را از دست داده است!
بی تو بی صاحب است!
بی‌هویت!

⊠ مترسک

خواهش می‌کنم نرویید!
خواهش می‌کنم بایستید!
حتی دمی هم صحبتیتان کافیست!
فقط دمی!
باشد!؟
خواهش می‌کنم نترسید!
بمانید!
آخر من از تنهایی می‌ترسم!

▣ هوای تازه

می‌آیی!
می‌دانم!
گم و ناپیدا!
مانند دانه‌ای که از خاک سر زند، به خانه من سر می‌زنی!
آخر من هوای تازه‌ام!

▣ مشاطه

دستان موج، مشاطه‌ای بی نظیر است!
دمادم در پی آراستن زلف شن می‌کوشد و او را می‌آراید!

 هوس باز

باز این خیال هوس باز من،
در پی لمس ترنم شیرین صدای توست!
باز در پی لمس حضورت، از من سرک می‌کشد!
در جایش نمی‌گنجد!
و باز این هوس کلاه وار از سرش می‌افتد!

تنهایی

مشامم آکنده از بوی تنهاییست!
من به تنهایی، لبریز تنهاییم!

بزم

دانه‌های بارانی بر چترم پایکوبی می‌کنند!

آسمان دست افشانی می‌کند!

ابرها می‌نوازند!

برگ‌ها می‌رقصند و سماع می‌کنند!

و این است بزمگه پاییزی!

نیلوفر آبی

نیلوفر آبی، هنوز که لمیده‌ای روی تن مرداب!

برخیز که مرداب تن خسته‌ست!

برخیز!

جرعه

هیچ نخورده‌ام!
باور کن!
جز یه جرعه خاطره!
اما هنوز در گلویم مانده!
شاید خفه شوم!

پروانه

کرم های کامُوایی آماده‌ی تنیدن پیله‌اند!
پیله‌ی لباس که تنیده شد من از توی آن بیرون می‌آیم!

 ترک

روی ماهش را گاهی کامل نمایان می‌کند!
بلندترین شاخه از بلندترین درخت،
در صورت ماه فرو می‌رود!
صورت ماه می‌شکند!
ترک می‌خورد!
می‌گرید!
ستاره می‌شود!

رقص

رقص دانه‌های بویت چه شامه نواز است!
بمان!

مقلد

می‌غرم و
می‌بارم و
می‌تابم و
می‌وزم و
می‌درخشم و
می‌شکنم و
چُنان برگ پاییزی رقصان فرود می‌آیم!

مه

هنوز نمی‌بینمت!
آسمان مه آلود است یا تو!

◫ آه

سکوت دل شکسته آمد و گفت:
مگر با تو چه کرده‌ام که تنها دارایی‌ام را شکستی؟!
گفتم: تنها دارایی مرا که شکستند، من گفتم:
آه!

◫ آزادی

بادبادک ساختندم!
اما با بند!
آزادی آزادی ست، بند نمی‌خواهد!
کاش رها شدم!

 خواهان

روز از عمر کوتاهش می‌نالید!

می‌خواست سال باشد!

سال از عمر کوتاهش می‌نالید!

می‌خواست قرن باشد!

قرن پیر می‌خواست

ثانیه باشد!

او خسته بود!

قلم‌زن

ابر هنرمند، با مغار باران، بر دریا قلم می‌زند!

نقشش دیری نمی‌پاید!

امید نامیرایی نقشش، نقش بر آب می‌شود!

▣ یاس

چه نقاش چیره دستی است!

یاس با همه زبر دستی‌اش نقش یاس

بر دیوار وجودم کشیده است!

و چه جاندارند ایشان !

و چه عطر آگینم من امشب!

▣ نبات

دانه‌های مهرم، حول محور وجودت تبلور زده‌اند!

چای با نبات مهر حاضر است!

بی

باز هم شکفتم!
بی خبر از وزش بادی بی‌محابا!
بی خبر از مردن و خشک شدن و افتادن!
بی خبر از زایش روز های آبستن!
و امروز!
و امروز از همه بی‌ها، باخبر شدم!

دوستی یا دشمن؟

ظاهرت دوست است!
اما تا به درون راهت می‌دهم، از خانه‌ام
جز ویرانه‌ای نمی‌ماند!
در را به رویت می‌بندم ای باد!

 مست باران

باز مست باران شدم!
کارِ همارهی اوست و مرا توانِ مقابله نیست!
نوشیدمش!
مستم!
وَه که چه هنرمندی است باران!
مروارید باران، سفته شده با چمن!
شاخههای درختِ کاج، دانه باران به نخ برگ داشتند!
همه جا مروارید دوزی شده بود!
پا برهنه مهمانِ طراوتِ چمن شدم!

یلدا

شب تولد زمستان است!
جشن کوچکی برپا کردهام!
و گلها نمیدانند که من مرگشان را جشن گرفتهام!

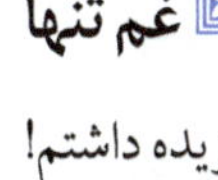 غم تنها

غمی در دل آشیان گزیده داشتم!
برای تنهایی غم،
به سوگ نشستم!
و یار و یاوری از جنسش برگزیدم!
حالا
همجنسان
جشنی برپا کرده‌اند
و من سوگوار خویشم!

خیال خوش

گندم کاشتندم، با سلسله تقدس تبدیل شدن به نان!
اما چه خیال خوشی!
چه فکر عبثی!
نرسیده درو شدم!
سبز سبز!

◻ تکرار

سه روز پیش گنجشک و باران!
دو روز پیش ، گنجشک و ابر!
دیروز گنجشک و خورشید!
امروز ساحل و بادبان!
و این تکرارِ هماره!
چه خوب که این تکرار، تکراری نیست!

◻ معشوقه شب

معشوقه شبم!
چه آسان خود را به او باختم!
هر شب بر گونه‌ام بوسه‌ای می‌زند!
نوازشگرِ هر شب و هر شبِ من است!
آه که او دامادِ هزار باره است!

◪ دیوار

روی دیوار لب بکش!
گوش که دارد!
بگذار بگوید آنچه شنیده است!
آخر او هم دل دارد!
می‌ترکد او!

◪ بوسه

چون زمینِ سِله بسته بودم!
تشنه قطره‌ای باران!
بوسه تو باران حیات!
ببار بر من!

الماس و چمن

باران بارید!
دانه های الماس بر چمن ها نشسته است!
چه همنشینی نامتجانسی!
الماس و چمن!

قاب پنجره

تکه‌ای آسمان از قاب پنجره‌ام ، مالِ من است!
چه توفیر دارد بارانی ست، ابری یا آفتابی!؟
آسمان از آنِ من است!
تکه‌ای آبی!
تکه‌ای سیاه!
تکه‌ای طوسی!
هیچ کس نتواندش ربود!

◨ همبستر انتظار

به اندازه تمامی قطره‌های بارانِ باریده درین سال‌ها، همبسترِ
انتظارت شدم!
و باز نیز!
و باز هم!
می‌خواهی بدانی؟!
همت گمار به شمردن قطره‌ها!
می‌خواهی ببینی؟!
همقدمِ یادم شو!

◨ اجرای نهایی جیرجیرک‌ها

جیرجیرک‌ها دل در گرو شب دارند!
همنوایی اِشان آغاز شده بود!
در گذرِ شباهنگام، شنیدمشان!
بایسته تمرینِ مدامند!
شبِ نهایی، اجرایی شایسته می‌خواهد!
شبِ مرگ!

▣ بزمگهِ شبانه

مهتاب بر من تابید!
در راهپیماییِ شبانه!
دستم در بازوی تو!
مهرت بر دلم!
آغوشمان باز برای شب!
قورباغه ها نوای عاشقانه برایمان سر دادند!
پرنده ها ، زمزمه ای از عشق!
و نوازش باد بر گیسویم!
بزمگهِ شبانه اِمان بود!

▣ ساز باستان

روحم سازی است از زمان باستان!
چه کس تواند این ساز را نواختن!؟

⊠ صدای رنج

دوباره پاییز آمد!

فصلِ رنگ و رنج و لذت!

برگِ پاییزِ حیات به پایان آمده، روی زمین رنج می‌کشد!

و منِ قسی، پا بر برگ‌ها می‌نهم!

و آنها نمی‌دانند که من عاشق رنجشان هستم!

وای بر من که خِش خِششان را لذت می‌برم!

شادم روی رنجِ برگ‌ها!

⊠ ساز ناکوک

باد تو را من عاشق شده‌ام!

ای بهترین میزبان، تنها تو، مویم را نوازش می‌کنی!

تنها تو مرا می‌نوازی!

و اِلا که من سازی کهنه و ناکوکم!

▣ همه‌کس

از همه کسِ دنیا، تو مرا بس!
که نور دیده‌ای!
امید جاویدی!
هوای تازه‌ای!
آرامِ جانی!
دور مشو زِ من!

▣ سِله

نورِ خشکیدهٔ خورشیدِ صحرا،
در سرابِ آب،
تن شویه می‌کند!
در خیالِ خیسش سِله‌های نور، محو می‌شود!

▣ زالو

زالو
حروف، زالووار به جانم افتاده‌اند!
به فکرم!
کلمه می‌چکد از من!

▣ گل سرخ

می‌خواهم گل سرخ تو باشم!
چون پیچک، تنگ مرا در آغوش بگیر!
دلواپس من نباش!
گل‌ها به آغوش پیچک‌ها عادت دارند!
با عشق دورِ من بپیچ!
با عشق بمیرم اگر، ارجح است به زندگیِ ممتدِ خالی!
می‌دانم دشمنِ دیرینه‌ام هستی!
اما اگر با عشق عزم هم آغوشی داری، مرا تنگ بگیر!
که من عاشق مُردنم!

های و هوی

شمعی رو به خاموشی‌ام!
در برابر بادی پیر و فرسوده!
نه هایَش به خاموشی می‌گرایدم!
و نه هویَش به زندگی!
میانِ مرگ و زندگی دست و پا می‌زنم!

 حُزن

همه جا منقش به اوست!
حزنم را به تصویر کشیدم!
دلم آه کشید!
همه اِمان نقاش شدیم!